我猜你不知道

霸王龙其实跑不快

［法］阿尔夫·鲍勃 著/绘
刘羽 译

GUANGXI NORMAL UNIVERSITY PRESS
广西师范大学出版社
·桂林·

BAWANGLONG QISHI PAO BU KUAI

霸王龙其实跑不快

出版统筹：汤文辉　责任编辑：宋婷婷
品牌总监：张少敏　美术编辑：刘淑媛
质量总监：李茂军　营销编辑：赵　迪
版权联络：郭晓晨　张立飞
责任技编：郭　鹏

著作权合同登记号桂图登字：20-2024-019 号

图书在版编目（CIP）数据

我猜你不知道. 霸王龙其实跑不快 /（法）阿尔夫 • 鲍勃著、绘 ；刘羽译. --桂林：广西师范大学出版社，2024.6
（神秘岛. 奇趣探索号）
ISBN 978-7-5598-6890-9

Ⅰ. ①我… Ⅱ. ①阿… ②刘… Ⅲ. ①科学知识－青少年读物②恐龙－青少年读物 Ⅳ. ①Z228.2②Q915.864-49

中国国家版本馆 CIP 数据核字（2024）第 075490 号

广西师范大学出版社出版发行
（广西桂林市五里店路 9 号　邮政编码：541004
网址：http://www.bbtpress.com）
出版人：黄轩庄
全国新华书店经销
北京博海升彩色印刷有限公司印刷
（北京市通州区金桥科技产业基地环宇路 6 号　邮政编码：100076）
开本：889 mm × 1 280 mm　1/24
印张：14.5　字数：100 千
2024 年 6 月第 1 版　2024 年 6 月第 1 次印刷
定价：145.00 元（全 3 册）

恐龙，生活在遥远的史前时代。关于它们的故事，我可以一口气讲上几个小时！它们生活在地球时，人类还没有出现。但是今天，很多人都为它们着迷！想想看，此刻我们脚下的土地，也许曾经生活着一群霸王龙。它们一家人就坐在这里，靠在沙发上看电视剧！长话短说，在这本书中，我将介绍很多不同种类的恐龙等动物。它们有一个共同点：拥有各种各样且令人惊奇的……“超”能力！为严谨起见，我得再去查查“靠在沙发上看电视剧”这件事，感觉好像哪里不太对！

阿尔夫·鲍勃

目录

霸王龙其实跑不快

大家都记得电影《侏罗纪公园》里的名场面吧——一只霸王龙和一辆全速飞驰的吉普车的追逐战，然而事实真的如此吗？其实霸王龙只能迈着碎步小跑，最高速度不超过20千米/小时。根据英国科学家团体的考证，一个可能的解释是，霸王龙的骨骼结构十分脆弱，无法支撑如此巨大的身躯快速移动。一旦超速，霸王龙的腿部很容易骨折！

霸王龙身体超大、脑子超小

霸王龙体长超过13米，身高约6米，体重接近9 000千克，毫无疑问是令其他动物闻风丧胆的超级杀手！但是，和它庞大的体格相比，霸王龙大脑的尺寸显得过于袖珍：在这个最长能长达1.5米的大脑壳里，大脑仁居然只有…… 30多厘米！

生来有牙的泥潭龙
长大后却成了无牙仔

科学家幸运地发现了一些属于泥潭龙的骨骼化石，其中既有幼年龙，也有成年龙。他们研究发现，最小的泥潭龙已经长出了细细小小的牙齿，但成年的泥潭龙的牙齿却没有找到。看来，泥潭龙小时候很可能属于杂食动物，长大后却成了素食爱好者！

小小翼龙刚出生几小时就会飞了

英国古生物学家研究化石发现，尚在蛋壳中的小小翼龙，就已经长出了适合高飞的身体形态：不仅有伸展的双翼，还有异常健壮的肱骨。古生物学家据此推断，翼龙宝宝破壳而出几个小时后，可能就有能力飞上天空自由翱翔了！

窃蛋龙其实是“护蛋”龙

一直以来，人们认为窃蛋龙是喜欢偷别人家蛋来孵化的盗贼（所以它才有了这个不光彩的名字），但最新研究推翻了这个说法。科学家根据在巢穴中发现的几组窃蛋龙化石推断，成年窃蛋龙正在孵化自己的小宝宝，是富有爱心的好家长！

优秀的恶作剧是怎样“炼”成的

窃蛋龙叔叔　著

1．首先找到一个蛋壳。

2．把蛋壳放在巢穴旁边。

3．再去找一个黄颜色的果子。

4．将果子和蛋壳一起捣碎。

5．声情并茂地念出编好的台词。

6．然后就可以尽情嘲笑了。

长得“四不像”的哈兹卡盗龙

当两位科学家最初发现哈兹卡盗龙的化石时，他俩一致认为那是人为拼凑的：猛禽般锋利的爪子、鸟类的身形、天鹅的长颈，再加上鸭子的脑袋，这是什么可笑的“四不像”！但其实哈兹卡盗龙并不是虚构的怪兽，而是真实存在过的，并且还是在陆地上和水中都可以捕食的绝顶高手！

在陆地上和水中都来去自如的棘龙

虽然棘龙喜欢在陆地上捕猎，但这种食肉恐龙也会到水中去换换口味，比如找些体形巨大的锯鳐美餐一顿！它是名副其实的水陆双栖顶级杀手！

会蛙泳的沧龙

以前，人们以为沧龙主要是靠摆动尾巴在水中游动（类似鲸鱼或鳄鱼的游法）。但古生物学家后来发现，沧龙在水中前进时很可能还借助了自己强大的前肢力量，运用了类似蛙泳的动作技巧！这样的游泳方式在所有的海洋生物中是独一无二的！

注意力集中，格雷瓜尔。
游得很好，莱拉！
迪伦，再快点儿！

史上最大的蛇是泰坦巨蟒

在哥伦比亚一处矿井的深处，泰坦巨蟒的化石首次被世人发现。世界上现存体形最大的蛇类——蟒蛇，其长度的最高纪录是7.67米，泰坦巨蟒的长度却达到了惊人的13.5米，而且体重可能超过1 000千克！在泰坦巨蟒的化石旁边，还留有巨龟和鳄鱼的残骸化石。据此推断，这只巨蟒生前最后的美餐是巨龟和鳄鱼！

被困在这里了，真烦人！谁带扑克牌了？
呼呼呼！

每隔2个月就要换口牙的玛君龙

玛君龙是曾经生活在马达加斯加的一种食肉恐龙。它的猎物下场十分悲惨，不仅肉被吃得一干二净，而且连骨头都不会被剩下！研究人员推测，正是由于这种粗暴的进食方式，玛君龙本就不算坚硬的牙齿，磨损情况非常严重。因此，和其他食肉恐龙相比，玛君龙牙齿的生长速度要快好几倍！

长满羽毛还会飞行的小盗龙

这种小型恐龙虽然没有鸟类的翅膀，但能将四肢当作羽翼，加上羽毛丰满的尾巴加持，可以在空中自在飞行。小盗龙从大树顶端一跃而起，滑翔百米后，会寻找合适的时机向地面的猎物俯冲而下！

恐龙放屁太多，可能每年排放约5 000亿千克甲烷

美国科学家的一项研究发现，和奶牛等反刍动物一样，恐龙的肠道中也有很多微生物，会在消化食物的过程中产生大量的甲烷（一种强效的温室气体）。考虑到那个时代里恐龙巨大的体形和庞大的数量，科学家估算，恐龙放屁会导致每年有大约5 000亿千克甲烷被排放到大气中！

罗蒂勒博士的
穿越旅行日记
第637天
白垩纪，我来了！
罗蒂勒博士的
穿越旅行日记
第638天
下次一定要
戴上防毒面具！！！

“抵达太平洋的旅行鲸鱼”是有四条腿的能游泳又会走路的古老原鲸

100% 不靠谱科普

原鲸不仅水陆两栖，还能上天入地，会打网球，会高空跳伞，甚至会玩滑板！

原鲸，原始的鲸鱼，是如今鲸鱼的祖辈。但是光从外貌来看，它长得更像是一只大型水獭——有四条腿、蹼状足，前鳍长有脚趾。这样的体态使得原鲸既可以四肢落地，在陆地上健步如飞，又可以以“狗刨式”泳姿在水中来去自由。

颈部及头部满是棘刺的前倾棘巴加达龙

前倾棘巴加达龙的化石在阿根廷南部的巴塔哥尼亚地区被发现。这种性情温和的食草恐龙最大的特点就是沿着脊椎骨的方向，长着一排又长又尖的棘刺，看上去很有震慑力。这是它用来吓退凶恶的捕食者最有力的武器！

“出人意料的大力神”——1米高的巨型鹦鹉

科学家在新西兰发现了某种未知生物的古化石。经过研究，他们惊讶地发现，这竟然是一只体形巨大的古代鹦鹉！因此，科学家将它命名为“出人意料的大力神”。它长有巨喙，毫不费力就可以将许多东西一分为二！

我是最强壮的鹦鹉！
我的嘴可以破坏一切！
尤其是破坏别人的生活！

家鸡和霸王龙可能是亲戚

现代鸟类的祖先属于兽脚亚目，也就是两足行走的恐龙，因此可以说鸟类是从恐龙进化而来的。科学家对霸王龙化石中含有的蛋白质和家鸡的比对研究发现，曾经称霸恐龙界的顶级掠食者，很有可能和属于鸟类的家鸡有极其相近的亲缘关系！

换季会迁徙的圆顶龙

每当旱季将近，口粮日渐不足，圆顶龙就会暂时离开居住的地方，前往植被更加丰富、草叶更为鲜嫩的山区。为此它们有时候甚至需要迁徙几百千米的距离！而当雨季回归时，圆顶龙会再度长途跋涉，重返家乡。

盾状魔蟾，一种有能力吞食小型恐龙的巨型蛙

这种曾生活在马达加斯加岛上的“魔鬼蛙”，身长接近40厘米，还长着一张血盆大口。科学家对它的颌骨进行了研究，认为它的咬合力和狼的差不多。据此推断，在史前时代，它们甚至有能力去攻击并捕食一些小型恐龙！

呱啊啊啊，我要把你一口吞到肚子里！
呃……索菲，你知道自己在说什么吗？

巨脉蜻蜓，大型食肉昆虫

长达75厘米的翼展，布满尖刺且可以灵活捕猎的6条腿，坚硬有力的上颚，拥有360度视野的复眼……研究人员认为远古时期的巨脉蜻蜓拥有像现在的鹰隼一般强大的身体，是一位不好惹的空中杀手！巨脉蜻蜓的体形巨大和大气环境有关，远古的空气中氧气含量很高，这促使其向巨型化的方向生长进化！

千足虫是目前已知的最古老的陆地动物

美国科学家在苏格兰的一座小岛上发现了某种马陆，也就是一般人所说的“千足虫”的化石，并认为这就是此前被命名为坎佩卡利斯奥本的史前千足虫。科学家据此推断，它生活在4.25亿年前的陆地上，是目前已知的最古老的陆地生物！

4.25亿年前，它曾经统治地球！

一些远古鳄鱼爱吃植物

美国科学家对16种已灭绝的鳄鱼的牙齿化石进行深入研究后发现，其中一些鳄鱼的牙齿锋利而且形状尖锐，符合食肉动物的典型特征。但也有一些鳄鱼与之相反，其牙齿切面凹凸不平，它们类似于现在的食草动物——需要借助这样的牙齿捣碎和咀嚼植物！

布律诺，嘘！看那里，有一大群肥美的蕨类植物！我们得悄悄靠近，绝不能让猎物跑了。

甲龙尾巴末端长着“狼牙棒”

甲龙是一种体形庞大的食草动物，其身体表面覆盖着一层坚硬的装甲，从头顶到尾巴全副武装。此外，甲龙的尾巴末端有大大的尾锤，这是它用来保护自己的有力武器。这么说来，甲龙是不是可以每天悠闲地吃草，不用担心安全问题了呢？也不尽然。它的足部并没有铠甲保护，这是它的薄弱之处，也是食肉恐龙袭击它时会瞄准的部位！

妈妈，爸爸又被甲龙给揍了！晚饭没有甲龙爪吃了！

中华龙鸟和浣熊撞脸了

中华龙鸟是一种身披羽毛的小型恐龙，从头到尾长约1米。像浣熊一样，它肚子上的毛色偏浅，背部的毛色较深，尾巴上也有条纹图案。更相似的是，中华龙鸟的眼睛四周也点缀着一圈黑色，这副以假乱真的面具可以帮助它在猎物或捕食者周围很好地隐藏自己。

欧洲矮象，一种迷你的史前大象

在公元前200万年到公元前1万年间的更新世时期，地中海的小岛上曾经生活着一些体形极小的史前大象。它们之中最迷你的叫作法氏古棱齿象，其身高只有1米，体重仅100千克。当时，为了躲避陆地上的天敌，欧洲矮象的这些祖先一路游到海里的小岛上保命。由于海岛上缺少食物，也没有天敌威胁，且体形越小越有生存优势，因此一代代欧洲矮象沿着这个方向继续进化。这种微型化进化方向被科学家们称为“岛屿侏儒化”。

恐龙时代的跳蚤
比现代品种要大十倍

如今很多猫、狗的身上会有跳蚤，这样的寄生虫曾经也可能肆无忌惮地在霸王龙和剑龙的身上吸血。它们的不同之处在于身长大小。化石显示，与寄主庞大的体形相衬，史前跳蚤的长度竟然可达2厘米！

孩子们，快看！恐龙之王发怒了，这就是它向入侵者发起反攻的信号！
胡说什么！身上的跳蚤让我痒得受不了了，但我胳膊太短挠不到，我快气疯了！

孙氏丝鸟龙
空有四个羽翼
却飞不起来

这个在中国境内发现的恐龙品种曾让古生物学家倍感诧异。它的四肢覆盖着羽毛，却完全缺失了羽小枝——一种微观结构，可以让羽毛在翅膀扇动时抵御空气的压力。据此推断，孙氏丝鸟龙无法飞翔，它四翼的主要功能是求偶和保暖！

恐龙知道要忍受疼痛

科学家在大量的恐龙骨骼化石中都观察到了骨折的痕迹，比如伤痕累累的下肢、肋骨，甚至颌骨。可以想象，大部分恐龙在捕猎或被攻击时，难免因大打出手受到伤害，所以它们需要在骨头的愈合过程中学会如何与疼痛为伴！

刚刚破壳的小小西里龙
会像雏鸟一样吵着要食物

一个瑞典科研团队分析了三种属于奥波莱西里龙的颅骨化石，发现它们的骨骼结构和现代鸟类的十分相似，在颈背和下颌部位都有肌肉提供有力支撑。因此，西里龙宝宝能够自己破壳而出，而且一出生就知道把头抬得高高的，把嘴巴张得大大的，嗷嗷叫着讨食物吃！

巨兽龙可能是史上最大的食肉动物

巨兽龙高12～14米，重7 000 ～8 000千克，意为“巨大的恐龙”。借助强有力的后足、飞快的移动速度、咬合力强大的嘴，巨兽龙经常集体狩猎体形同样庞大的阿根廷龙。不过，它的“已知最大的食肉动物”这个头衔仍有争论，也有人认为棘龙才是真正的史上第一大的食肉动物！

巨兽龙小分队正准备一起向阿根廷龙发起攻击
（公元前9 800万年）
兄弟们，咱们粘上假胡子伪装一下，这样那家伙一定认不出咱们！等它一靠近，咱们就冲上去，迅速把它拿下！
好主意！
真赞！

恐龙的骨架化石被炒成天价

越来越多的富豪对恐龙骨架化石感兴趣，并在拍卖会上一掷千金，将其作为私人收藏。与之形成对比的则是公立博物馆，他们囊中羞涩，难以给出更高的价格，无法拍到新的化石藏品，只得退而求其次，用石膏复制品丰富馆藏。在法国，如果一个人在自家花园里发现了恐龙骨架化石，那么他将成为合法的持有者，不过根据化石的稀有程度和科研价值，政府有权禁止主人出售获利！

买的时候我就跟你说了不对劲，一个三畸龙骨架小玩具怎么会贵得那么离谱？

因为头冠形状酷似猫王发型，冰脊龙又被称为“埃尔维斯龙”

1994年，新的食肉恐龙化石在南极洲被发现，它的眼睛上方长着形状奇异的头冠，因此被命名为“冰脊龙”。发现化石的科学家不自觉地把它那醒目的头冠和20世纪60年代的传奇歌手“猫王”——埃尔维斯·普莱斯里标志性的高耸发型联系在一起。因此，冰脊龙也收获了“埃尔维斯龙”这一称号。

碳龟可以生吞小型鳄鱼

哥伦比亚曾经多次出土远古时代的巨兽化石，其中就包括距今6 000万年的碳龟。这是一种巨型淡水龟，外壳长度超过1.7米。因此科学家认为，碳龟当时有能力通过捕食小型鳄鱼来填饱肚子！

巨齿鲨长度超过大巴，把鲸鱼当食物

这种史前巨型鲨鱼身长约15米，牙齿长度达20厘米，是海洋世界里绝对的王者，只可惜它生不逢时。一方面，它的竞争对手，如史前虎鲸和大白鲨的数量正处于不断上升的时期；另一方面，它最钟爱的食物——须鲸，数量却在不断减少。正是这种不平衡的生态加速了巨齿鲨的灭绝进程！

披毛犀的“皮衣”有15厘米厚

披毛犀在御寒方面拥有得天独厚的优势，它全身披了一层厚厚的皮毛，有15厘米厚，一对细小的耳朵很少暴露在外面，从而减少温度流失。和同时期的猛犸象相比，它不需要在冬天长途迁徙到远方去寻找食物，因为它可以用自己的两只角推开地面上的积雪，从而找到隐藏的植物！

北方盾龙的钢盔铁甲，既可震慑敌人，又能吸引异性

科学家在北方盾龙属下目前仅发现了一个化石标本。它全身约有250块骨质甲片，上面带有棘刺，从头顶到尾巴尖全副武装，就像穿着一身厚厚的铠甲。甲龙一般用这种铠甲吓退敌人，但对北方盾龙来说，它还有另外一个用途：北方盾龙的棘刺颜色偏浅，而甲片颜色偏深，两者对比形成的视觉效果更明显，因此这样一身铠甲能帮助北方盾龙更好地吸引异性的目光！

咳，真见鬼！明明打扮得差不多，我到底输在哪里？

欧巴宾海蝎有五只眼睛，嘴上还带夹钳

这种长相奇特的节肢动物，看上去像是科幻电影里才会出现的怪物，但实际上在5亿年前的地球上它曾真实存在过。它体形很小，长度最多不超过10厘米，生活在水中，很可能是食肉动物。科学家认为，欧巴宾海蝎可以用长长的嘴在水底深处搅动，它一旦发现食物，就用嘴前端的夹钳捉住。不过鉴于它既没有颌骨也没有牙齿，应该只能捕食非常柔软的猎物！

普通的赖氏龙

支持法国足球的赖氏龙

赖氏龙的头冠像个高帽子

这种食草恐龙移动非常迅速。它最具辨识度的就是彩色的头冠。它出生时头冠只有小小的一点儿，之后会随着身体的长大变得越来越可观。这种头冠的实际用途尚不明确，有人认为它可以放大赖氏龙从鼻腔里发出的声音，从而起到震慑敌人或是吸引异性的作用；也有人认为这只是赖氏龙同伴之间互相辨认身份的标志。

史前巨型企鹅站起来 几乎和成年人一样高

一块距今5 500万年的史前时代的企鹅化石在新西兰被发现。根据科学家的分析，这只企鹅重约100千克，高达1.75米，也就是说，接近现在成年人的平均身高。这种被命名为碧丝巨鸟企鹅的“巨型怪鸟”，在2 000万年前就已经灭绝。当时，随着鲨鱼等大型海洋杀手的出现，史前企鹅难逃被捕食的命运！

快点儿，咱们一起到水里玩吧！今天的水温应该很舒服！
好！
嘿嘿嘿，对，对，赶快下来！
吼吼吼！
嘿嘿嘿！

肿头龙打架时用头猛击对手

肿头龙，顾名思义是一种“头骨很厚的龙”，长约4.5米，重约500千克。它是食草恐龙，身上又没有可以保护自己的甲壳，按理说很容易成为捕食者的目标。但幸运的是，它的头顶有山丘状的骨质突出，而且十分粗壮坚硬，因此可以用来进攻同族的对手，或者击退来犯的其他敌人！

大眼鱼龙的一双大眼睛好似保龄球

大眼鱼龙是一种大型海洋动物，长得像胖胖的海豚，以鱼类及软体动物为食。大眼鱼龙是鱼龙家族中的典型。它有一双异乎寻常的大眼睛，科学家认为这能帮它适应深海一片漆黑的环境。良好的水中视力，这可以帮助它潜到更深处去觅食！

力大无穷的刃齿虎可以一掌把猎物击晕

刃齿虎又名“剑齿虎”，它最出名之处莫过于有着一口惊人的匕首牙。但作为令对手胆寒的顶级猎手，它还有另一个王牌武器。美国古生物学家发现，刃齿虎前爪的骨骼结构异常强壮，远超狮子等其他大型猫科动物。他们据此推断，刃齿虎最常使用的撒手锏应该是凭借出色的上肢力量，一掌制敌！

看这些深坑！谁能留下这样的足迹呢？
老雷米，依我看，这是一头巨型猛犸象！

古马陆——一种超过2米长的千足虫

古马陆属于节肢动物，即身体是由一环环关节组成的无脊柱动物。它生活在3亿年前的远古时代，被人们当成现在千足虫的远房叔祖父，不过是XXXXL尺寸的！

一直以来，科学家都认为它是食肉动物，直到最新研究显示，古马陆的消化系统里有花粉的痕迹，这证明了它其实是一种食草动物！无论如何，古马陆不好惹，捕食者在进攻时既要想办法把有一身护甲的它翻过去，还要小心避开它头上那两个夹钳和咬合力强大的嘴！

就是你小子刚刚说，要把我翻个身然后吃掉？
不，不，不，您听错了！我说的是，我想要翻个身睡觉去！
因为我太困了。
您听错了，听错了。
真的！

100%不靠谱科普

每个肿包里其实都装着沙子，就像马拉加沙球一样，是打击乐器，尤因它兽用它们来营造氛围。

尤因它兽头上有六个奇怪的大肿包

尤因它兽长得像犀牛，是一种性情温和的食草动物。它的上颌有两根长长的獠牙，可用来保护自己；头上还有三对奇特的肿包，样子像长颈鹿的角，从嘴的上方到头顶按两列依次分布。至于这些肿包的用途，目前还是未解之谜！

梁龙抽动尾巴的速度不足以突破音障

科学家分析了八组梁龙的骨骼化石，并利用计算机模拟它们如何甩动尾巴以及速度如何。研究结果显示，梁龙尾椎骨靠近躯干的部分粗壮结实，接近末端的部分则是一根根细小而灵活的小骨棒。这种特别的构造使梁龙可以很好地操控尾巴，甚至可以像挥鞭子一样抽动它！科学家经过测试发现它尾巴的末端在甩动时虽然能达到很高的速度（33米/秒），但是连音速的十分之一都不到，不足以突破音障，因此也无法像飞机一样制造出超音速带来的声爆。

巨猿是有史以来最大的猿类

这种曾经生活在东南亚地区的灵长类动物，目前只有数量很少的化石出土，难以拼凑出一个完整的骨架来准确还原它真实的身形。但根据科学家的估算，巨猿身高为2～3米，体重为200～500千克！距今约100万年，巨猿居住的热带森林变成了稀树草原，它无法适应这一生态环境变化，因此灭绝。不过，也有极少数人坚信，巨猿并没有真的从地球上消失，说不定此时它们就生活在雪人和大脚怪的周围！

说到大小，一只远古巨猿大概相当于两只现在的大猩猩！
呃…… 那相当于多少只现在的狨猴呢？

开局并不顺利的马术障碍赛
（公元前4 500万年）

马科动物的祖先原古马和狗一般大

原古马是一种生活在史前时代的哺乳动物，在法国、德国等地都曾发现它的化石。它被认为是马科动物（主要包括马、驴、斑马等）的祖先，但和这些现代后裔不同的是，原古马的身高只有30～60厘米！

砂犷兽既像骆驼，又像大猩猩

这个奇特的“四不像”，并不是愚人节的恶搞“成果”，而是一种于360万年前从地球上消失的远古动物。它的躯干像大猩猩，肩膀高于臀部，而修长的脖颈和脑袋让它看上去像一只骆驼。砂犷兽的确真实存在过，而且不是一个小族群，如今在欧洲和亚洲都发现了它们的化石！

大角鹿不仅体形庞大，角还大得吓人

这种远古“超级鹿”拥有一对大到令人难以置信的鹿角。科学家认为，它们应该很难通过茂密的树林或者小灌木丛，因为一不小心就会被卡住！

大角鹿和原始人曾在遥远的史前时代和平共处，一些岩石的壁画上保留着它们那时的身影。据此也可以推断，大角鹿并不在人类的狩猎名单之上。它们的骨头明显不符合原始人的工具需求，因此很少被取走使用。

古蜥蜴是史上最大的蜥蜴

古蜥蜴是一种巨型的蜥蜴，曾经生活在澳大利亚，属于巨蜥属，身长6～7米。而现存巨蜥属里的最长纪录保持者——科莫多巨蜥只有3米左右。尽管常常有人声称亲眼看到了古蜥蜴，但科学家认为古蜥蜴早在4万年前就已经灭绝，也就是说，它只可能和最早的澳大利亚原住民打过照面！

副栉龙的头冠也是发声器

副栉龙是一种食草恐龙，生活在距今约7 500万年。它最为显著的特征就是头上那根长长的冠饰，从头顶向后方延伸，还带有弯曲的弧度。这个头冠其实是中空的，和鼻腔、喉咙相通，可以像回音壁一样将声音放大。尽管目前尚未完全确认，但这种特殊构造很有可能是为了方便它和同伴之间进行交流。

鼻王龙有一个超大的鼻子，但具体功能至今没人知道

这种被命名为“鼻王龙”的恐龙其实算是新物种，在1990年才被两位美国生物学家发现。它属于鸭嘴龙科，却没有很多鸭嘴龙头上会出现的骨质冠状物。的确，鼻王龙的与众不同之处并不是没有头冠，而是它的大鼻子。科学家认为这个大鼻子的主要作用可能是帮助鼻王龙在进食时碾碎食物，但也有可能是族群的特殊标志！

你也是鼻王龙吗？
不，当然不是！我是因为重感冒，所以鼻子肿了！

鹦鹉嘴龙是伪装大师

鹦鹉嘴龙又被称为“鹦鹉龙”，生活在1亿~1.3亿年前的远古时代。此前有研究认为，它们有时会依靠集体的力量进行防御。也就是说，数量可观的鹦鹉嘴龙生活在一起，当捕食者来袭，它们会有意地留下几个同伴作为牺牲品去拖延时间，从而换取大部队逃生的机会，保全整个族群。在最新的研究中，科学家分析了鹦鹉嘴龙化石里保留的皮肤部分，发现其中含有黑色素。黑色素可以帮助它们根据周边环境的变化，让皮肤颜色相应地变暗，甚至可以在光线昏暗的森林中成功“隐身”！

亚冠龙的孵蛋时间最长

一项研究显示，恐龙蛋大概需要3～6个月的时间才能被孵化，和爬行动物孵化的时间基本一样。这个结果出乎很多人的意料，因为此前科学界普遍认为，恐龙蛋的孵化时间应该更接近鸟类的（11天～3个月）。在所有恐龙中，孵蛋速度最慢的就是亚冠龙。它属于鸭嘴龙科，每次孵化宝宝的时间将近6个月！

角地鼠的角是个未解之谜

长相奇特的角地鼠是两项纪录的保持者：它既是唯一有角的啮齿动物，也是有角的哺乳动物中体形最小的。至于它鼻子上方的那两个角到底有什么用处，至今还是个未解之谜。此前曾有人认为，这对角可以在觅食时用于翻土。但现在科学家的共识更偏向于它具有更常见的功能，即角是用来自我保护的防御性武器。

嘿，你的角是做什么用的？
我不知道。
不想说就算了，哼！
不是不想说，是我真的不知道。
得了吧，你就是不想告诉我。
不是这样的，我……
你明明知道，就是不告诉我。
啪！！！
啊，好吧，我们现在都知道了。

阿根廷龙的体重相当于17头大象

阿根廷龙属于蜥脚类恐龙（有四足的食草恐龙的统称），专家估算它的体长30～40米，重60～90吨。它也是目前发现的体形最大的恐龙之一。还有一些科学家认为，阿根廷龙可能一生都必须保持站姿，因为一旦蹲下，它那庞大的身体就再也无法重新站起来！

阿根廷龙每天要吃约400千克植物

阿根廷龙的食量同样惊人，每天要消耗大约400千克植物！可以想象，这样一群大胃王用不了几天就能吃光一整片树林，连一片叶子都不剩！因此它们需要经常搬家，去寻找新的食物来源。

似鸸鹋龙的奔跑速度几乎和马一样快

这种长得像鸸鹋的恐龙，腿又长又细，奔跑时速度极快，可以达到65千米/小时，相当于赛马疾驰时的速度！除了大长腿，似鸸鹋龙还拥有非常发达的大脑和有助于它夜间捕食的大眼睛，这称得上是顶级杀手的配置……不过别担心，实际上它很可能是一种食虫恐龙！

桑氏伪齿鸟是史上最大的飞禽

在2 500万～2 800万年前的北美大陆上，曾经生活着一种叫桑氏伪齿鸟的史前巨鸟，翼展6～7.5米。因为体形庞大，它很难从地面直接飞起来，需要先沿着陡坡助跑再乘风起飞。一旦到了空中，它就可以完全舒展、自由翱翔，持续高速飞行几个小时不停歇。等到了降落时刻，它又要开始高难度动作，但这需要看准风向，把握时机，不然很可能一头撞进土里！

动作太慢来不及逃跑的林龙只能紧贴地面，靠一身板甲吓退敌人

林龙是一种食草恐龙，生活在距今约1.35亿年的湖区、森林或河流旁。虽然移动速度不够快，但它有别的绝招来躲避捕食者的进攻。林龙背部覆盖着坚硬的板甲，肩部长有棘刺，虽然柔软的足部没有特殊保护，但遇到危险时，四足会蜷缩起来，身体紧贴着地面不动，一直耗到对方无可奈何地走开！

怎么回事？
它太扎了，
我不干了！

巨犀是已知的体形最大的陆生哺乳动物

2 000万～3 500万年前，巨犀曾在亚洲大陆上生活，被认为是现代犀牛的远房叔祖父。它高约5米，长约7米，重15 000～20 000千克，是一只非洲象的两倍还要多！

后弓兽是某种长鼻子的“骆驼”

著名的进化论提出者查尔斯·达尔文曾经将后弓兽形容为“史上最奇怪的动物”，因此古生物学界一直以来都对它抱有浓厚的兴趣。但直到最近，才有一些研究人员破解了后弓兽身世的秘密。它被确认是奇蹄目的一员，也就是说，和现在的马、貘、犀牛属于同门。

剑龙身上的骨板可以调节体温，还能吓退敌人、吸引异性

这位明星恐龙最有名的就是身上那两排骨板，从后颈一直延伸到尾巴上。这些板状物内部布满血管，可以像太阳能板一样提高剑龙的身体温度，也能在剑龙需要时帮助它们把体温给降下来。

此外，这种显眼的板状结构还有别的用途：它既能震慑虎视眈眈的捕食者，还可以吸引族群内异性的目光。

完齿兽是一种
长相吓人的巨猪

因为头顶和脸上长满了瘤状物而显得异常丑陋，所以这种食肉动物也被称为“来自地狱的猪”。它的头大得惊人，满口獠牙，身长可以达到3米。所以要当心，这可绝不是《三只小猪》里的小花、小黑和小胖！

旋齿鲨的牙像一把环状螺旋形的锯子

旋齿鲨属于软骨鱼纲，是鲨鱼的近亲，生活在2.9亿年前的大海里。它下颌处的牙齿呈环状螺旋形——目前科学家还没有在别的物种身上发现过类似的神奇构造，因此它引发了众多古生物学家的兴趣。在诸多争论中，有一种理论认为，旋齿鲨很可能以带壳的软体动物为食，这种螺旋齿可以用来碾碎软体动物的硬壳。

镰刀龙的前爪
像金刚狼的一样锋利

目前仅有极少量的镰刀龙化石被找到，因此古生物学家难以确认它的外貌特征。但有一点是毋庸置疑的，那就是它前爪末端有镰刀状的巨型利甲，和金刚狼的一样锋利。这让人不禁联想到漫画里的超级英雄！

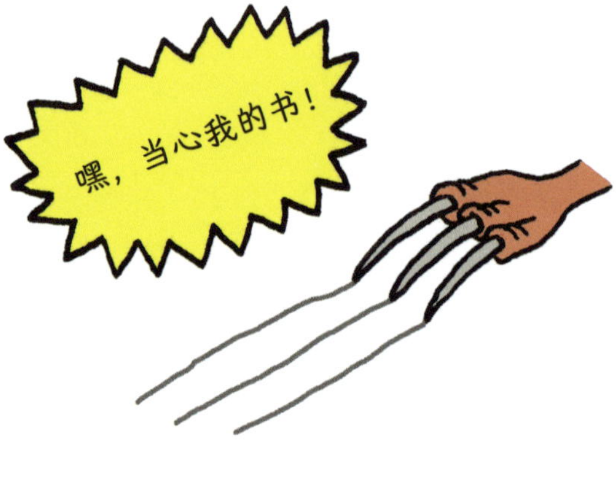

哇，凯文，你的
爪子真的好灵活！
多谢夸奖！

帝鳄是史上最大的鳄鱼

在距今约1.1亿年的非洲大陆上曾经生活着现代鳄鱼的远房叔祖父——帝鳄。根据在尼日尔发现的一块完整的帝鳄的头颅骨化石，专家成功推算出了它的体形大小，并发现这些数据相当惊人——帝鳄身长约10米，重约4 000千克，而有记录的最大的鳄鱼的长度最长不超过7米！

铲齿象的下巴形状像铲子

这种食草的哺乳动物和现在的大象是近亲，它的下颌十分奇特，向前伸长，形状像一把扁平的铲子。在过去很长一段时间里，专家认为，铲齿象的铲板是为了方便它在草原或沼泽中寻找食物。但最新的研究显示，这种铲板可以像长柄镰刀一样割断非常有韧性的植物，方便它们进食！

邓氏鱼体形庞大，刀枪不入

这种海洋怪兽曾经活跃在各个大洋中。它是盾皮鱼纲中体形最大的，长达10米，而且全身上下覆盖着坚硬的甲壳，刀枪不入。它没有真正意义上的牙齿，看上去像“牙齿”的部位其实是头甲凸出来的骨板，锋利如刀刃一般，拥有逆天的咬合力。邓氏鱼凭借着强大的咬合力成为海洋中的顶级杀手。如此强悍的物种为何会从地球上消失？直到今天，这依然是个未解之谜。

恐狼是一种巨型犬科动物

恐狼，顾名思义为“恐怖的狼”，在1万年前才从地球上没了踪迹。它们比如今的狼更大、更壮，两者虽然是亲戚，但恐狼并不是现代狼的祖先。从体貌特征看，恐狼更加魁梧，而且有个沉重的大脑袋。恐狼曾经生活在美洲大陆上，它们集体狩猎，灭绝的原因至今还没有定论。但它们灭绝的时间和美洲出现原始人的时间刚好吻合。除此之外，在那个时期，它们最钟爱的食物大地懒——一种巨型树懒，已经从地球上消失了，这可能也是恐狼无法继续生存的原因之一。

孩子们，仔细看，这就是古代的巨型恶狼！
恐狼

印多霍斯兽是一种类似羚羊加豚鼠的“四不像”

这种存在于约4 800万年前的哺乳动物，躯干像小羚羊或麸鹿，但脑袋又像是现代的豚鼠。更让人吃惊的是，这种神奇动物可能是最早尝试返回海洋生活的物种。也就是说，它有可能是海豚、鲸鱼等海洋生物的祖先。

伶盗龙特别喜欢搞夜间袭击

美国科学家在对伶盗龙的眼睛结构进行深入研究时发现，和之前的主流推测截然相反，伶盗龙其实是一种夜行动物！

风神翼龙或是已知的最大的飞行动物

风神翼龙、哈特兹哥翼龙和阿氏翼龙，这三种翼龙到底谁才是史上最大的飞行动物？目前还没有定论。它们被测算出的大小非常接近，翼展都有11～13米长！因此在没有更精准的骨骼重建模型和数据之前，这三者很难决一胜负。其实学术界关于风神翼龙的争论还有很多，比如一只6米高的翼龙（相当于长颈鹿的高度），还能以每小时130千米的时速飞行吗？这是否已经超过了自然法则的上限？

报告，有人作弊！

禽龙有两个尖钉一样的大拇指

这种食草恐龙并不神秘，是史上第二种被发现的恐龙，但关于它的早期研究却带有误导性。19世纪时，古生物学家曾认为禽龙的鼻子上方有两个圆锥形的角。但过后发现，这两个角其实长在禽龙前爪的大拇指处，可能用于撕碎树叶或防御敌人！

梁龙一天中15～20个小时都在吃东西

体形庞大的梁龙需要进食大量的植物来提供身体运转所需要的能量，因此它每天的大部分时间都花在了吃植物上！

星尾兽的坚硬铠甲上有1000多块甲片

这种身长约3米的食草动物拥有防御捕食者的极好装备。它身上有一层坚硬的铠甲，还有一根长着尖锐硬刺的像狼牙棒的尾巴，可谓双重保护！

100%
不靠谱
科普

用星尾兽铠甲做的帽子迅速引领时尚潮流，在原始人中流行开来。星尾兽因此灭绝。

伤齿龙被认为是最有智慧的恐龙

在研究各个物种的智力发展水平时，科学家通常会计算“脑化指数”（体重和脑重的比值）。按照这种计算方式，恐龙中智商最高的是伤齿龙，亚军是伶盗龙，它们的脑化指数分别是6和5.8。

巨型短面袋鼠是一种脑袋长得像兔子的史前袋鼠

澳大利亚被称为“袋鼠国”。在5万年前，那里曾经生活着一种食草的巨型短面袋鼠。和现代袋鼠相比，它们更高大也更强壮，高约3米，重达240千克；前肢更长，每只脚上只有一个根趾，而且不会跳跃；从长相上看，它们的面部较短，耳朵很长，因此很像如今的兔子！

恐龙小测验

1. 霸王龙的食性是什么？

A．食肉
B．食草
C．食薯条

2. 对还是错？

天气太热时，披毛犀会给自己剪毛。

3. 泰坦巨蟒生活在哪里？

A．哥伦比亚
B．日本
C．随便，只要不在我家花园里，哪儿都可以

4. 下面哪个动物一出生就会飞？

A.

B.

5. 对还是错？

前倾棘巴加达龙是朋克发型潮流的开创者。

6. 恐狼的哪个身体部位比现代狼强壮得多？

A. 脑袋

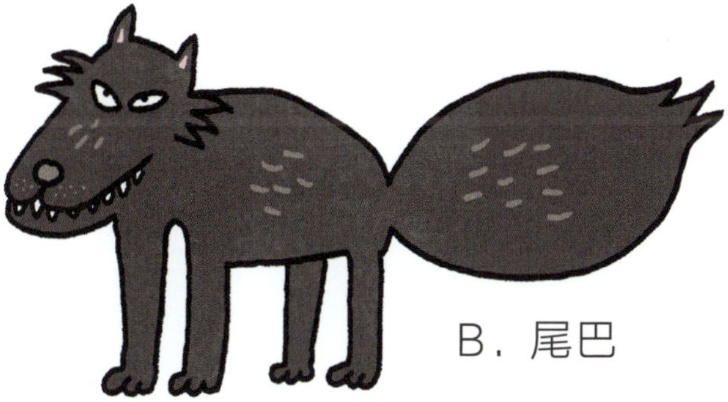

B. 尾巴

正确答案：

1. A　2. 错（不过要是真的也挺好，对吧？）　3. A（C也可以算是正确答案，你说得呢？）
4. A（但也许无齿翼龙还有一些尚未被发现的超能力呢？）　5. 错　6. A

阿尔夫·鲍勃

阿尔夫·鲍勃于1974年出生于圣艾蒂安，是Vide Cocagne、Jarjille和Futuropolis等出版社的连环漫画的作者。

他也是一名插画家，主要为Influenza Records唱片公司设计唱片封面。

也许这种恐龙并不存在，

滑冰霸王龙属

又或者，
它还没有被人们发现！